MI CUADERNO DE AHORRO

RanDom

@SOBREAHORRO

MI CUADERNO
DE AHORRO

La herramienta definitiva
para conseguir lo que mereces

Random

Papel certificado por el Forest Stewardship Council®

MIXTO
Papel | Apoyando la
silvicultura responsable
FSC
www.fsc.org
FSC® C117695

Penguin
Random House
Grupo Editorial

Primera edición: septiembre de 2025

© 2025, Natalia de @Sobreahorro
© 2025, Penguin Random House Grupo Editorial, S. A. U.
Travessera de Gràcia, 47-49. 08021 Barcelona
Diseño del interior: Carol Borràs
Ilustraciones del interior: iStock
Diseño de la cubierta: Penguin Random House Grupo Editorial / Angie Izquierdo

Printed in Spain — Impreso en España

ISBN: 978-84-19441-57-7
Depósito legal: B-12.069-2025

Compuesto en Carol Borràs
Impreso en Gómez Aparicio, S. L.
Casarrubuelos (Madrid)

CM 41577

Introducción

Cómo ahorrar si (aún) no sabes cómo

¡Bienvenida al mundo del ahorro!

La primera pregunta que te harás al leer estas líneas es si este cuaderno está hecho para ti. Como se trata de un cuaderno de ahorro, empezaré con la suposición más fácil: si has llegado hasta aquí seguramente se deba a que quieres ahorrar. Así que ¡bienvenida a esta aventura!

Pero..., dicho así, qué sencillo suena, ¿no? «Ahorrar». Sin embargo, tanto tú como yo sabemos bien que ahorrar no es siempre tan fácil. En realidad, más allá de ahorrar es posible que lo que busques sea cambiar tu situación económica actual o tu relación con el dinero. Si es así, estás en el lugar correcto y te voy a explicar por qué.

Me llamo Natalia, y hasta hace un par de años mi cuenta bancaria estaba vacía antes de llegar a fin de mes y no tenía ni idea de qué había pasado. ¿A dónde se había ido ese dinero? Sinceramente, no lo sabía. Me daba la impresión de que no tenía muchos gastos ni me permitía muchos caprichos. Tampoco tenía deudas importantes y mi sueldo era bastante bueno.

Cuando abría la app del banco y miraba los gastos, ¡no los reconocía! Veía muchos cargos «pequeños» que a decir verdad no sabía qué eran pero que me habían dejado sin dinero. Otras veces me llegaba por sorpresa algún cobro grande que me pillaba totalmente desprevenida y me quitaba todo el dinero para ese mes. También me llegaban cobros a suscripciones que ni siquiera sabía que seguían activas o que prácticamente no utilizaba y no había dado de baja.

Cada vez con más frecuencia me acechaba el malestar de saber que algo no cuadraba. Pensaba que debería estar ahorrando algo, que mi sueldo debería ser suficiente y que no tenía muchos gastos y, aun así, me quedaba sin dinero antes de final de mes.

¿CÓMO PUEDES SABER SI ESTE LIBRO ESTÁ HECHO PARA TI?

Puede que ya te hayas sentido identificada con mi historia, pero, por si aún tienes dudas, aquí van algunas señales más que te dirán si este cuaderno está hecho para ti:

- Ves cargos en la tarjeta y no tienes ni idea de a qué se corresponden.
- Compras a plazos cosas para las que no tienes dinero ahorrado.
- Lees en internet que tienes que ahorrar al menos el 30 % de tu sueldo, aunque sabes que no lo consigues ni el mes que no gastas nada.
- Tiendes a gastar más de lo planeado en las rebajas o promociones a través de las redes sociales.
- Pides comida a domicilio más veces de las que te puedes permitir comer fuera de casa.
- Compras por internet cosas que no necesitas.
- Sientes que los pagos importantes como los seguros te pillan de improviso y te descuadran todo el mes.
- No recuerdas haber comprado algo hasta que te llega el paquete a casa.
- Compras más ropa de la que necesitas y que incluso, a veces, no llegas a estrenar.

- Crees que los productos que ofrecen los bancos, como las cuentas remuneradas, son demasiado complicados para ti.
- Abres la aplicación del banco con miedo porque sospechas que no va a gustarte lo que verás.

Admítelo: te pasa más de una y más de dos, ¿verdad? En ese caso, te lo aseguro, este cuaderno puede ayudarte a conseguir todo lo que mereces. Vamos a poner solución a esas situaciones que crees que escapan de tu control y que te hacen sentir frustrada.

Te lo digo por experiencia: con un cambio de mentalidad y aplicando hábitos, utilizando el método de los sobres y las herramientas que encontrarás aquí, por fin logré tomar las riendas de mi situación económica y de mis ahorros.

Déjame decirte que cambiar de mentalidad no es rápido ni fácil, pero que con el método que voy a compartir contigo se puede hacer motivador y divertido para que no tires la toalla y consigas, por fin, cambiar tu situación financiera.

¡Puedes salir de esta!
¿Te apetece saber más?

¡Vamos a ello!

El Método de los sobres
x Sobreahorro

Vale, Natalia, todo lo que me has contado me suena familiar. Pero ¿qué has hecho para salir de esa situación? Pues algo mucho más sencillo de lo que crees: ¡planificar como lo hacían nuestras abuelas!

¿Te esperabas algo innovador, rápido, rompedor o inmediato? Pues siento decirte que el Método Sobreahorro se cocina a fuego lento. Y es que, explicado de forma muy simplificada, es un método superantiguo que consiste en:

- Planificar tu presupuesto.
- Dividir tus gastos y objetivos en categorías.
- Asignar un sobre a cada una de estas categorías.
- Separar el dinero en cuanto te lleguen los ingresos.

La buena noticia es que este método es superefectivo para todas las situaciones de descontrol ya expuestas en la introducción porque, de una manera sencilla, te hace consciente tanto de tu situación económica como de todas tus decisiones financieras. Y esto, amiga, ¡es algo que nadie nos ha enseñado a hacer!

Cuando somos pequeñas, nos enseñan a ganar dinero. Te educan y forman para que puedas trabajar y ganar un sueldo, con independencia de su cuantía. A medida que creces, te enseñan a gastarte ese dinero. Además, te crean necesidades a través de publicidad que ni siquiera sabías que tenías.

«¡Para eso trabajamos!», tendemos a decirnos al sucumbir a este capricho innecesario.

Y estoy cien por cien segura de que te mereces ese capricho después de lo mucho que te esfuerzas para conseguir cada euro que ganas. Pero ¿sabes de lo que estoy aún más segura? De que no te mereces el complejo de culpa que viene después de esas compras. Tampoco te mereces vivir con miedo a entrar en tu cuenta y ver que no te queda dinero. No te mereces no ser consciente de tu situación financiera y, sobre todo, no te mereces vivir con descontrol y no tener todas las herramientas para salir de ahí.

Por todo esto es más importante que nunca sanar tu relación con el dinero y ser consciente de tus decisiones financieras. Pues, aunque obviamente tienes una gran responsabilidad de tu situación económica, hay otras cosas de tu entorno que no puedes controlar: la subida del alquiler, el precio de los alimentos, la disminución de los ingresos, la inflación o algo tan simple como que se te averíen el coche o el frigorífico y tengas que hacer un desembolso considerable.

Si aplicas el Método de los sobres y sigues los consejos que encontrarás en este cuaderno, serás capaz de tomar las riendas de tu situación financiera. **Vas a pasar de gastar sin pensar a pensar antes de gastar.** Y como ya te he dicho esta aventura es un viaje que yo he transitado, por lo que te voy a contar los cambios que he notado al aplicar el Método de los sobres y, por tanto, los que tú vas a experimentar. Cuando acabes este cuaderno, habrás conseguido:

- **Conocer tu situación financiera real.** Serás capaz de saber cuánto de lo que cobras va en realidad a un gasto necesario y cuánto dinero se te estaba escapando en gastos innecesarios.
- **Valorar cada euro que entra en tu cuenta.** Tan importante es saber exigirse como saber valorarse. Por eso agradeceremos todo el esfuerzo que haces para que entre dinero.

- **Dejar de comprar compulsivamente.** Conocerás el gran impacto que esas compras compulsivas e innecesarias tienen en tu presupuesto.
- **No sentirte culpable cuando te compres algo con tus ahorros.** Si es una compra meditada, consciente, para la que has ahorrado y a la que quieres destinar tu dinero, ¡disfrútalo al máximo después de adquirirlo!
- **Preparar tus gastos anuales con anterioridad y ahorrar una cantidad baja cada mes** para tener el monto total preparado cuando llegue el día del pago. ¡*Bye, bye*, sorpresas que te descuadraban el mes completo!
- **Adaptar tus objetivos de ahorro de forma realista a tu presupuesto.** Así, mantendrás la motivación y no te pondrás objetivos generales poco realistas. Tu presupuesto es único.
- Hacer de **cada momento que dedicas a organizar tu presupuesto un momento «tuyo»** que disfrutas y en el que te diviertes.
- Ser feliz apartando dinero muy poco a poco y **llegando a objetivos supergrandes al apartar cantidades superpequeñas**.
- Y sobre todo: **no ver el dinero como algo sucio de lo que no se puede hablar o que no está hecho para ti**. Te sentirás afortunada y merecedora de mejorar tu situación financiera cada día un poco más.

¿Qué tal te suena?
¿Te apetece sentirte así?

¡Empezamos!

Spoiler alert:

¿Qué vas a encontrar en este cuaderno?

El trabajo empieza ahora. Este cuaderno va a ser tu herramienta principal para tomar el control de tus finanzas de una vez por todas.

¿CÓMO LO VAMOS A HACER?

- En primer lugar, te voy a hacer una serie de preguntas que te harán reflexionar sobre tu mentalidad de partida. Estas preguntas se repetirán al final del cuaderno para ver cómo ha cambiado tu mentalidad después de planificar tus gastos durante un año.
- Acto seguido, te explicaré los conceptos básicos que necesitas saber para descubrir qué se esconde detrás de cada cálculo que vas a realizar. No te preocupes, verás que todo es supersencillo.

MADE IN SOBREAHORRO

Entre los conceptos que te voy a dar, hay algunos «*made in* Sobreahorro». ¿Qué quiere decir esto? En este cuaderno no vas a encontrar **ninguna terminología compleja** ni cálculos o porcentajes absurdos que luego no puedas aplicar. Te voy a dar la definición más realista para un presupuesto «normal».

Después, en «Conoce y vencerás: todo lo que debes saber antes de empezar» y en «Mi primer presupuesto», vamos a sentar las bases de tus gastos y a categorizarlos juntas para que sepas qué gastos tienes y definas en qué categorías quieres dividir tu presupuesto. Además, al final de este capítulo vas a calcular también tus pagos anuales.

En «Planificación mes a mes» encontrarás espacio para planificar cada mes con detalle y personalizar tu presupuesto al máximo. Este capítulo se dividirá en espacio para doce meses de presupuesto donde encontrarás la siguiente estructura:

* Portada sin fechar para que elijas el mes que quieres presupuestar. ¡Así que vas a poder comenzar cuando quieras!
* Calendario en blanco para que visualices y planifiques todas las fechas importantes de cada mes.
* Espacio para planificar tu presupuesto.
* Espacio para apuntar tus gastos y cerrar las semanas.
* Reflexión final y espacio para notas.

En «Seguimiento y objetivos» vas a tener espacio para visualizar y hacer seguimiento de tus objetivos.

Al final del cuaderno, en «Seguro que te has hecho esta pregunta», te encontrarás preguntas que fijo que van a surgir a lo largo de este proceso, como «¿Qué pasa si entran dos sueldos distintos?», «¿Y si soy autónoma?», «¿Hace falta que solo use efectivo?» y muchas más. Acude a ese capítulo siempre que te surja alguna duda.

Si no encuentras aquí la información que necesitas, por favor, escríbeme a mis redes sociales. Me encontrarás en @Sobreahorro y estaré encantada de leer vuestras experiencias, opiniones y dudas.

Primero de todo...,
toca pensar

Antes de empezar con el cuaderno, me gustaría hacerte unas preguntas para que puedas analizar tu relación con el dinero y empezar este viaje de la mejor manera.

○ **¿Qué se te viene a la cabeza cuando piensas en la palabra «dinero»? ¿Cómo describirías tu relación actual con él?**

_____

_____

_____

○ **¿Qué sientes al abrir la aplicación del banco y ver tu saldo?**

_____

_____

_____

○ **¿Con qué frecuencia sientes que pierdes el control de tus gastos? ¿Te resulta fácil o difícil parar un gasto impulsivo?**

_____

_____

_____

○ **¿Cómo crees que afectaría a tu vida tener un colchón de ahorro para emergencias?**

○ **¿Cuál es tu principal motivación para querer ahorrar?**

○ **¿Consideras que conoces con claridad tus gastos fijos mensuales?**

○ **¿Cómo evaluarías tu nivel de confianza financiera del 1 al 10? ¿Por qué?**

○ **¿Cómo crees que cambiaría tu día a día si ya no tuvieras que preocuparte por imprevistos financieros?**

_____

_____

_____

_____

○ **¿Crees que gestionas tu dinero de manera correcta? ¿Qué cambiarías?**

_____

_____

_____

_____

○ **Al acabar el mes, ¿te ha sido fácil ahorrar un poco?**

_____

_____

_____

_____

Al final del cuaderno, cuando ya lleves todo un año planificando y presupuestando tus gastos, te encontrarás con las mismas preguntas. No te olvides de contestarlas después de todo el proceso. Así verás como tus creencias e inseguridades relacionadas con tu situación económica habrán cambiado.

Ahora sí:
¡que empiece el ahorro!

Conceptos clave

Y plantillas
para lanzarte a ahorrar

Conoce y vencerás:
Todo lo que debes saber antes de empezar

Como ya te he adelantado, en primer lugar aprenderemos algunos conceptos básicos que te servirán para preparar tu presupuesto. Son muy sencillos y veremos ejemplos de absolutamente todo para que no te quede ninguna duda. Además, en cada apartado te voy a dejar espacio para que hagas tus propias clasificaciones y cálculos.

MI LISTA DE GASTOS

Abre tu aplicación del banco o tu libreta actualizada y anota todos los gastos que encuentres en el último mes. Da igual que sea el pago del alquiler o de la hipoteca o un café que solo te costó 1,20.

Apúntatelos todos, toditos, porque cuanta más información tengamos antes de hacer nuestro primer presupuesto, más realista será. No te preocupes ahora de rellenar nada más que la columna de «Gastos». Ten esta tabla a mano, porque volveremos a ella para rellenar las columnas restantes en próximos ejercicios.

Además te dejaré un espacio extra para que más adelante, cuando estés trabajando el apartado «Fondos de ahorro», puedas apuntar otras categorías de fondos de ahorro extra que quieras añadir a tu presupuesto.

Mi cuaderno de ahorro

GASTOS	€	FIJO/VARIABLE	¿ES UN PAGO ANUAL?	NOMBRE CATEGORÍA

GASTOS	€	FIJO/VARIABLE	¿ES UN PAGO ANUAL?	NOMBRE CATEGORÍA

GASTOS	€	FIJO/VARIABLE	¿ES UN PAGO ANUAL?	NOMBRE CATEGORÍA

FONDOS DE AHORRO EXTRAS	

¡Perfecto! ¡Ya has completado tu primer ejercicio! Como te he dicho, cuanto más detallados sean estos gastos, más fácil nos resultará hacer un primer presupuesto realista y, por tanto, menos cambios tendremos que hacer en los próximos meses. Por esto mismo, te invito a repetir este ejercicio no solo para un mes, sino para varios.

Una vez hayas completado tu lista, tendrás algo parecido a esto:

GASTOS	€	FIJO/VARIABLE	¿ES UN PAGO ANUAL?	NOMBRE CATEGORÍA
Alquiler	750			
Electricidad	125			
Internet	49,90			
Supermercado	.54,83			
Cañas	12,40			
Panadería	5,35			
Regalo para María	25			
Supermercado	215,40			
Gimnasio	27,50			
Comida para el perro	85			
Suscripción Netflix	14,99			
Suscripción anual aplicación	30 al año (cobro en febrero)			
Café máquina	1,80			
Seguro coche	550 al año (cobro en abril)			
Sushi a domicilio	38,50			

Seguramente tu lista sea muchísimo más larga. ¡Esto era solo un miniejemplo! Mi primera lista me ocupó más de tres hojas y al avanzar en el presupuesto me acordaba de gastos que no había apuntado y los añadía. Así que no juzgues la cantidad de gastos que tengas. No son muchos ni pocos, son simplemente los gastos que tuviste un mes determinado y son muy importantes para llevar a cabo tu primer presupuesto.

Es posible que ya te hayas sorprendido con alguno de los gastos: a lo mejor no eras muy consciente de haber pedido tantas veces comida a domicilio o de la cantidad de dinero que te gastas en el supermercado. A lo mejor también has encontrado gastos que te ha costado tiempo reconocer, pero... ¡no pasa absolutamente nada! Como te digo: tómate esta lista tan solo como lo que es: información para empezar a tomar el control sobre tu situación financiera. Aunque hayas descubierto que te gastas más de lo que te gustaría en algo, la pregunta que quiero que te hagas es:

¿Cómo podrías haber hecho algo al respecto, si ni siquiera sabías aún en qué se te iba el dinero?

Celebremos este primer triunfo: ahora tienes la información suficiente para empezar a actuar. ¡Continuamos!

GASTOS FIJOS VERSUS GASTOS VARIABLES

Esta es la primera distinción clave que debes interiorizar antes de realizar tu primer presupuesto.

LOS GASTOS FIJOS

En tu lista de gastos fijos vamos a incluir aquellos **gastos que tenemos todos los meses y por los que pagamos una cantidad fija o una cantidad que conocemos antes del cobro.** La mayoría de estos gastos suelen ser los que «nos pasan por la cuenta todos los meses».

Algunos ejemplos: el alquiler, la cuota del gimnasio, el contrato del teléfono o el de la plataforma de pelis y series que nos alegra las cenas.

LOS GASTOS VARIABLES

Por otro lado están los gastos variables. Aquí vamos a incluir aquellos **gastos que tenemos todos los meses, pero cuya cantidad puede variar.**

Algunos ejemplos: la gasolina, los restaurantes, la comida a domicilio o los gastos en tiempo libre, ya que estos pueden variar en función de cuánto salgas ese mes.

Aquí es importante que sepas que no todo es blanco o negro y que para hacer tu presupuesto seguramente encuentres muchos gastos que puedas incluir realmente en las dos categorías. Por ejemplo: el gasto de agua depende de tu consumo, pero suele ser bastante constante y previsible, así que mucha gente prefiere incluirlo directamente como un gasto fijo.

A título personal, me gusta considerar como gasto fijo todo aquel

cuya cuantía exacta —o aproximada, con escaso margen de error—
sepa de antemano que voy a tener que pagar desde la cuenta.

Cuando hagamos el presupuesto, verás con más detalle lo que
conlleva para el Método de los sobres el considerarlo gasto fijo o
gasto variable, pero lo más importante es que no te agobies: aquí las
cosas no son blancas o negras. Tu presupuesto cambiará a lo largo
de los meses y siempre podrás efectuar tantos cambios como necesites para que se adapte a ti.

No tengas miedo a equivocarte, lo importante es empezar.

Ahora, vuelve a tu lista de gastos, que aparece de la página 24 a
la 26, y limítate a marcar si consideras cada uno de los gastos como
fijo o como variable. Si necesitas un poco de ayuda, aquí te indico
cómo clasificaría yo los gastos de mi ejemplo:

GASTOS	€	FIJO/VARIABLE	¿ES UN PAGO ANUAL?	NOMBRE CATEGORÍA
Alquiler	150	Fijo		
Electricidad	125	Variable		
Internet	49,90	Fijo		
Supermercado	54,83	Variable		
Cañas	12,40	Variable		
Panadería	5,35	Variable		
Regalo para María	25	Variable		
Supermercado	215,40	Variable		
Gimnasio	21,50	Fijo		
Comida para el perro	85	Variable		
Suscripción Netflix	14,99	Fijo		
Suscripción anual aplicación	30 al año (cobro en febrero)	Fijo		
Café máquina	1,80	Variable		
Seguro coche	550 al año (cobro en abril)	Fijo		
Sushi a domicilio	38,50	Variable		

CATEGORÍAS DE GASTOS VARIABLES

Tu lista ya está en condiciones de empezar a definir tus primeras categorías: llegó la hora de ponerles nombre a nuestros gastos variables.

Para ello nos basta con mirar de nuevo nuestra lista y definir categorías en las que podríamos englobar los gastos. Las categorías que definas son totalmente libres y pueden ser tan específicas o generales como te apetezca.

¿Sueles comer fuera de casa y tienes varios gastos en restaurantes? En ese caso, englóbalos en una categoría llamada «Restaurantes». ¿Has encontrado varios pagos a tiendas de ropa? Crea una categoría de «Ropa» y márcalos todos ahí. ¿Te fuiste de escapada y has encontrado gastos asociados a tus vacaciones? Define una categoría de «Viajes» o «Vacaciones».

Por si te sirve de inspiración, aquí te dejo algunas de las categorías más comunes:

Restaurantes	Ropa
Ocio/tiempo libre	Regalos
Transporte	Cumpleaños
Gasolina	Viajes
Supermercados	Cosmética
Niños	Tecnología
Mascotas	....

Estos son solo ejemplos. Crea categorías que te resuenen y se adapten a tu caso. ¡No tengas ningún miedo a equivocarte! Seguramente estas categorías cambien a lo largo de los meses..., ¡y esto será también una buena señal! Puede que de aquí a unos meses prefieras dividir una categoría en varias categorías más específicas o, por el contrario, te apetezca unir varias categorías en una sola más general.

Esto solo significa que cuando tengas más información y experiencia serás capaz de hilar aún más fino.

Así que ahora limítate a dejar volar tu imaginación y define tus categorías en la lista de la página 24 a la 26.

Te dejo algunas categorías en las que podría dividir los gastos variables de mi ejemplo, por si te sirve de inspiración:

GASTOS	€	FIJO/VARIABLE	¿ES UN PAGO ANUAL?	NOMBRE CATEGORÍA
Alquiler	150	Fijo		
Electricidad	125	Variable		Gastos casa
Internet	49,90	Fijo		
Supermercado	54,83	Variable		Supermercado
Cañas	12,40	Variable		Tiempo libre
Panadería	5,35	Variable		Supermercado
Regalo para María	25	Variable		Regalos
Supermercado	215,40	Variable		Supermercado
Gimnasio	27,50	Fijo		
Comida para el perro	85	Variable		Mascotas
Suscripción Netflix	14,99	Fijo		
Suscripción anual aplicación	30 al año (cobro en febrero)	Fijo		
Café máquina	1,80	Variable		Restaurantes
Seguro coche	550 al año (cobro en abril)	Fijo		
Sushi a domicilio	38,50	Variable		Restaurantes

PAGOS ANUALES

A continuación te presentaré uno de los conceptos principales que cambiarán radicalmente la organización de tu economía: los pagos anuales.

PAGOS ANUALES

Los pagos anuales son todos **esos pagos cuya cuantía conocemos con anterioridad aunque no la pagamos mes a mes sino una vez al año**, al semestre o incluso al trimestre. Ejemplos de pagos anuales que están en casi todos los presupuestos son los seguros del hogar o de automóvil. Otros ejemplos serían suscripciones que paguemos anualmente, impuestos, la cuota del gimnasio si tienes la opción de hacer un pago anual, etcétera.

Si alguien me preguntase cuál es, en mi opinión, el tipo de gasto más importante a la hora de hacer mi presupuesto, sin duda contestaría que los pagos anuales. Algunos son de importe bajo, a los que no sueles darles tanta importancia, como por ejemplo una suscripción a una app de 30 euros al año. Pero hay pagos anuales de cuantía muy alta e incluso a veces cercana a nuestros ingresos (por ejemplo, el seguro del coche) para los cuales es esencial estar preparadas.

Con el Método de los sobres, tendremos en cuenta estos pagos anuales y separaremos mes a mes la cantidad correspondiente al pago para que cuando llegue el mes del cobro tengamos todo el dinero preparado y no nos descuadre todo el presupuesto de ese mes.

¡*Verás que esta es una de las claves más importantes para poder ahorrar y tener el control de nuestra economía!*

Pagar 600 euros de golpe tiene mucho más impacto sobre nuestro presupuesto que apartar 50 euros al mes y conseguir esa cantidad poco a poco.

¡*A la hora de efectuar el pago, se te hará mucho más fácil y tu presupuesto mensual no lo notará!*

Además, estarás más motivada cuando llegue el momento de hacer frente a ese pago y por primera vez tengas el dinero preparado. No soy la única que dice esto: día a día me lo repiten todas las sobreahorradoras que ya han empezado a tomar las riendas de su situación económica.

Y ahora, ¡ponte en marcha! Marca en tu lista de gastos los que son pagos anuales. En el siguiente apartado, te explicaré cómo calcular cuánto tienes que separar cada mes para tus pagos anuales. De momento, solo los marcaremos para tenerlos localizados.

En mi ejemplo, serían los siguientes:

GASTOS	€	FIJO/VARIABLE	¿ES UN PAGO ANUAL?	NOMBRE CATEGORÍA
Alquiler	150	Fijo		
Electricidad	125	Variable		Gastos casa
Internet	49,90	Fijo		
Supermercado	54,83	Variable		Supermercado
Cañas	12,40	Variable		Tiempo libre
Panadería	5,35	Variable		Supermercado
Regalo para María	25	Variable		Regalos
Supermercado	215,40	Variable		Supermercado
Gimnasio	27,50	Fijo		
Comida para el perro	85	Variable		Mascotas
Suscripción Netflix	14,99	Fijo		
Suscripción anual aplicación	30 al año (cobro en febrero)	Fijo	✔	
Café máquina	1,80	Variable		Restaurantes
Seguro coche	550 al año (cobro en abril)	Fijo	✔	
Sushi a domicilio	38,50	Variable		Restaurantes

CÁLCULO DE CUOTAS DE LOS PAGOS ANUALES

Calcular la cuota mensual que tenemos que incluir en nuestro presupuesto para los pagos anuales es bastante sencillo: **tan solo dividiremos la cantidad que hay que pagar entre los meses que nos quedan para poder ahorrar esa cantidad.**

Antes de dividir la cantidad entre los meses disponibles, debes tener en cuenta algo muy importante: los meses que tenemos para ir apartando esa cantidad empiezan el primer mes que realizas presupuesto y terminan el mes anterior al cobro. Es decir, **no se incluye para los cálculos el mes en el que nos pasan el cobro.**

Esto se hace así para que, cuando llegue el momento del pago, esa cantidad esté lista con independencia de cuándo recibas tus ingresos. Por ejemplo: si empiezas a planificar por primera vez en enero y tienes un pago que vence en marzo, el primer año solo vas a disponer de dos meses para apartar el dinero poco a poco. Esto cambiará de cara al siguiente año, cuando ya cuentes con los doce meses completos (de marzo a febrero) para ahorrar la misma cantidad.

En el apartado de «Seguimiento y objetivos» tienes espacio para calcular tus cuotas mensuales de cara a los pagos anuales. Para que lo entiendas mejor, te dejo por aquí dos ejemplos de cálculos de pagos anuales.

Ejemplo 1: Pago anual de 240 euros que me cobran en septiembre. Empiezo con el Método de los sobres en marzo.

Si el primer presupuesto va a ser el del mes de marzo y en septiembre ya debe estar preparada la cuantía total del pago, tengo un total de seis meses (de marzo a agosto) para ahorrar la cantidad total. Recuerda que el dinero ya tiene que estar preparado el mes de cobro. Esto significa que he de guardar 40 euros al mes (240 / 6) para tener todo el dinero apartado antes de que me lo cobren.

Una vez termine de ahorrar la cantidad, ya dispondré de doce meses completos para ahorrar el siguiente pago: desde septiembre hasta agosto del año que viene. Por tanto, a partir del segundo año podré dividir esos 240 euros entre doce meses, y tendré que apartar 20 euros cada mes.

CONCEPTO	*Seguro hogar*		CANTIDAD	*240 €*

VENCIMIENTO _*septiembre*_

◯ ENERO	*20 €*	◯ MAYO	*40 €*	◯ SEPTIEMBRE	*20 €*
◯ FEBRERO	*20 €*	◯ JUNIO	*40 €*	◯ OCTUBRE	*20 €*
◯ MARZO	*40 €*	◯ JULIO	*40 €*	◯ NOVIEMBRE	*20 €*
◯ ABRIL	*40 €*	◯ AGOSTO	*40 €*	◯ DICIEMBRE	*20 €*

Ejemplo 2: Pago anual que me cobran en dos veces: 250 euros en junio y 300 euros en octubre. Empiezo con el Método de los sobres en marzo.

En este caso tenemos que organizar dos cobros. Si empiezo el mes de marzo y en junio, me van a cobrar 250 euros y debo separar 83,34 (250/3) euros los meses de marzo, abril y mayo. Para el cobro de octubre me quedan cuatro meses, desde junio hasta septiembre, por lo que tendré que apartar 75 euros al mes (300/4).

Una vez pase este segundo cobro, tendremos de nuevo un año completo para separar el dinero. Así que, desde octubre hasta el cobro de junio, tendré siete meses para conseguir ahorrar los próximos 250 euros, por lo que tendré que separar 31,25 euros al mes.

CONCEPTO _Impuesto local_ CANTIDAD _250 € + 300 €_
VENCIMIENTO _junio/octubre_

○ ENERO	*31,25€*	○ MAYO	*83,34€*	○ SEPTIEMBRE	*15€*
○ FEBRERO	*31,25€*	○ JUNIO	*15€*	○ OCTUBRE	*31,25€*
→ ○ MARZO	*83,34€*	○ JULIO	*15€*	○ NOVIEMBRE	*31,25€*
○ ABRIL	*83,34€*	○ AGOSTO	*15€*	○ DICIEMBRE	*31,25€*

Como ves, la cantidad que tenemos que separar cada mes depende por completo de cuándo empecemos a presupuestar, de cuándo nos van a pasar el siguiente cobro y de cuánto tendremos que pagar para ese cobro. Tal vez empieces y te queden muchos meses hasta el día del cobro o tal vez empieces y uno de los pagos te toque al mes siguiente. **A partir de tu primer año con el Método de los sobres, todo resultará mucho más sencillo y tus cuotas mensuales serán siempre iguales**, pero ten en cuenta que durante **el primer año deberás recalcular tus cuotas en función de cuándo sean los cobros**, como en el ejemplo 2.

Sea cual sea tu caso, piensa que presupuestar estos pagos anuales y ahorrarlos en cantidades más pequeñas es una de las formas más sencillas e importantes de empezar a tomar el control de tus finanzas. No solo porque reducirás de manera significativa el impacto que tendrá el momento del cobro en tu presupuesto del mes, sino también porque con ello empezarás a ser tú quien se prepare de manera activa y consciente para un gasto.

Y este cambio de mentalidad es enorme y superimportante.

FONDOS DE AHORRO

Ahora te voy a pedir que me prestes toda tu atención, ya que debes hacer un pequeño trabajo introspectivo.

FONDOS DE AHORRO

¿Qué son los fondos de ahorro en mi Método Sobreahorro? Los fondos de ahorro son todos **aquellos objetivos para los que ahorramos antes de tener un gasto.** Además, aquí también se incluyen todos nuestros deseos y objetivos de ahorro a medio y largo plazo.

Y ¿por qué empieza aquí el camino de la introspección?

Porque la mayoría de las veces es bastante difícil diferenciar entre lo que necesitamos y lo que simplemente queremos.

Por ejemplo, Ropa. Es una de las categorías en las que prácticamente todo el mundo gasta algo casi todos los meses cuando en realidad es casi siempre innecesario.

La gran cantidad de información y publicidad que recibimos a través de redes sociales y la rapidez con la que cambian las tendencias hoy en día nos hacen sentir la necesidad de comprar nuevas prendas de ropa que no necesitamos y que, además, muchas veces son baratas pero de muy baja calidad o con un gran impacto medioambiental.

Por eso es muy importante identificar en qué necesitamos gastar nuestro dinero todos los meses y en qué categorías podríamos —y deberíamos— ponernos el objetivo de ahorrar el dinero poco a poco **antes** de gastarlo.

Como ya he dicho, una de las categorías en las que se percibe con claridad esta diferencia es la de Ropa, pero también hay otros buenos ejemplos como Regalos o Viajes. ¿Por qué? Porque son categorías a las que no destinamos dinero todos los meses y en las que deberíamos adaptar los gastos a la cantidad ahorrada.

Si mi sueldo es muy bajo y me cuesta muchísimo ahorrar, no tiene sentido que me plantee las vacaciones más caras de mundo.

Es necesario que nos tomemos
un merecido descanso,
pero siempre hay que adaptarlo
al presupuesto disponible.

Asimismo, si mi presupuesto es ajustado en la categoría de Regalos no puedo regalar algo carísimo: tiene sentido que busque ideas de regalos que pueda hacer yo misma y me ponga manos a la obra.

¡Se pueden hacer regalos
realmente bonitos
y cargados de significado
con un presupuesto muy bajo!

Estas categorías para las que reconocemos que deberíamos ahorrar antes de gastar son las que definiremos como nuestros primeros fondos de ahorro. Y aquí entran tanto las cosas necesarias como los sueños o deseos que tengamos en mente.

Un fondo de ahorro que todo el mundo necesita añadir a su presupuesto es el de la categoría de Emergencias y/o Imprevistos con la que afrontar gastos inesperados que, créeme, aparecerán tarde o temprano porque son parte normal de la vida. Reflexiona también sobre otros posibles objetivos de ahorro. ¿Quieres sacarte el carnet de conducir? ¿Deseas comprarte un coche? ¿Sueñas con tener una thermomix en casa desde hace tiempo?

¡Crea un fondo de ahorro para ello!

Aquí te dejo ejemplos de categorías de fondos de ahorro que se suelen repetir en los presupuestos:

Emergencias	Papelería
Tecnología	Libros
Ropa	Cursos
Regalos	Bodas
Viajes	Navidad
Decoración	Vuelta al cole
Casa	... y un largo etcétera

Piensa que estas categorías van a ser solo tuyas, así que personalízalas al máximo y añade todas las que quieras. En tu tabla de gastos de la página 26, tienes también espacio para anotar estas ideas de fondos de ahorro extra.

Mi primer presupuesto

Tengo una muy buena noticia para ti: ¡ya dispones de toda la información que necesitamos para crear tu primer presupuesto y empezar con el Método de los sobres por Sobreahorro!

A continuación te dejo un resumen de lo que deberías tener en cuenta para calcular tu presupuesto de cada mes y de cómo deberías rellenarlo.

Personaliza el calendario para el mes que presupuestes y añade todas las fechas más relevantes para ese mes: pagos importantes, cumpleaños... ¡lo que quieras!

Apunta aquí todas tus fuentes de ingresos y suma el total.

Toca ponernos un objetivo del mes. Puede ser por ejemplo comer menos veces fuera de casa, comparar precios de supermercados antes de hacer la compra, no comprar ropa ese mes, etc.

Este es el espacio para tus gastos fijos. Añade todos aquellos gastos fijos relevantes para el mes. Cuando los tengas todos, suma el total y apúntalo al final de la tabla.

Este es el espacio para todos tus pagos anuales. Apúntalos aquí y calcula el total destinado a tus pagos anuales.

Ahora vamos a calcular cuánto dinero podemos repartir en nuestros sobres de variables y fondos de ahorro. Resta a la suma de tus ingresos el total de tus gastos fijos y también de tus pagos anuales.

Apunta aquí todas tus categorías de gastos variables y cuánto vas a destinar este mes a cada una de ellas. La columna «cierre» la puedes rellenar a final del mes poniendo cuánto te has gastado realmente una vez terminado el mes.

En este resumen final puedes apuntar cuánto has destinado en total a gastos variables y fondos de ahorro, y calcular cuánto retirar en efectivo. También tienes espacio extra por si quieres añadir algún concepto.

Este espacio es para apuntar a qué fondos de ahorro vas a dar un empujón este mes y qué cantidad de tu presupuesto irá a cada uno.

Control de gastos

Cierre semanal 1

Categoría	Gasto total	Disponible

Cierre semanal 2

Categoría	Gasto total	Disponible

Cada semana puedes registrar aquí los gastos totales en cada una de tus categorías e ir haciendo un seguimiento de cuánto te queda disponible en esas categorías.

Reflexión

¿CÓMO ME HE SENTIDO ESTE MES?

LOGROS FINANCIEROS CONSEGUIDOS

VALORACIÓN

☆☆☆☆☆

ALGO QUE QUIERO EMPEZAR A HACER

LECCIONES APRENDIDAS

ALGO QUE QUIERO DEJAR DE HACER

ALGO QUE QUIERO CONTINUAR HACIENDO

MOTIVOS POR LOS QUE ESTAR ORGULLOSA ESTE MES

Aquí puedes hacer un seguimiento semanal de cómo va tu presupuesto. Anota cuánto has gastado en cada categoría y cuánto te queda para el resto del mes.

En esta última página vas a poder reflexionar sobre qué ha ido bien y qué quieres mejorar de cara a los próximos meses. Tómate un tiempo para celebrar los pequeños logros conseguidos :)

MES

El primer paso
es creer en ti.

Calendario + objetivo del mes

Lunes	Martes	Miércoles	Jueves	Viernes	Sábado	Domingo
☐	☐	☐	☐	☐	☐	☐
☐	☐	☐	☐	☐	☐	☐
☐	☐	☐	☐	☐	☐	☐
☐	☐	☐	☐	☐	☐	☐
☐	☐	☐	☐	☐	☐	☐

Intención de este mes

Ingresos

Concepto	€	Concepto	€

TOTAL			

Gastos fijos

Concepto	€	Concepto	€

Concepto	€		Concepto	€

TOTAL

Pagos anuales

Concepto	€		Concepto	€

TOTAL

Disponible 1:

Ingresos-Gastos fijos-Pagos anuales: _____

Gastos variables

Concepto	€	Cierre
TOTAL		

Fondos de ahorro

Concepto	€	Concepto	€
_____	_____	_____	_____
_____	_____	_____	_____
_____	_____	_____	_____
_____	_____	_____	_____
_____	_____	_____	_____
_____	_____	_____	_____
_____	_____	_____	_____
_____	_____	_____	_____
_____	_____	_____	_____
_____	_____	_____	_____

TOTAL

Gastos variables: _____

Fondos de ahorro: _____

Retirada de efectivo (Gastos variables + Fondos - Pagos anuales)**:**

_____

Otros: _____ **:** _____

Control de gastos

Control de gastos

Cierre semanal 1

Categoría	Gasto total	Disponible

Cierre semanal 2

Categoría	Gasto total	Disponible

Cierre semanal 3

Categoría	Gasto total	Disponible

Cierre semanal 4

Categoría	Gasto total	Disponible

Cierre semanal 5

Categoría	Gasto total	Disponible

Notas

Reflexión

¿CÓMO ME HE SENTIDO
ESTE MES?

LOGROS FINANCIEROS
CONSEGUIDOS

VALORACIÓN

☆ ☆ ☆ ☆ ☆

ALGO QUE QUIERO
EMPEZAR A HACER

LECCIONES APRENDIDAS

ALGO QUE QUIERO
DEJAR DE HACER

ALGO QUE QUIERO
CONTINUAR HACIENDO

MOTIVOS POR LOS QUE ESTAR ORGULLOSA ESTE MES

MES

Tus límites *solo* están en tu mente.

Calendario + objetivo del mes

Lunes	Martes	Miércoles	Jueves	Viernes	Sábado	Domingo
☐	☐	☐	☐	☐	☐	☐
☐	☐	☐	☐	☐	☐	☐
☐	☐	☐	☐	☐	☐	☐
☐	☐	☐	☐	☐	☐	☐
☐	☐	☐	☐	☐	☐	☐

Intención de este mes

Ingresos

Concepto	€	Concepto	€

TOTAL	

Gastos fijos

Concepto	€	Concepto	€

Concepto	€	Concepto	€

TOTAL

Pagos anuales

Concepto	€	Concepto	€

TOTAL

Disponible 1:

Ingresos-Gastos fijos-Pagos anuales: _____

64

Gastos variables

Concepto	€	Cierre
TOTAL		

Fondos de ahorro

Concepto	€	Concepto	€

TOTAL			

Gastos variables: _____

Fondos de ahorro: _____

Retirada de efectivo (Gastos variables + Fondos - Pagos anuales):

_____

Otros: _____ : _____

Control de gastos

Control de gastos

Cierre semanal 1

Categoría	Gasto total	Disponible

Cierre semanal 2

Categoría	Gasto total	Disponible

Cierre semanal 3

Categoría	Gasto total	Disponible

Cierre semanal 4

Categoría	Gasto total	Disponible

Cierre semanal 5

Categoría	Gasto total	Disponible

Notas

Reflexión

¿CÓMO ME HE SENTIDO ESTE MES?

LOGROS FINANCIEROS CONSEGUIDOS

VALORACIÓN

☆ ☆ ☆ ☆ ☆

ALGO QUE QUIERO EMPEZAR A HACER

LECCIONES APRENDIDAS

ALGO QUE QUIERO DEJAR DE HACER

ALGO QUE QUIERO CONTINUAR HACIENDO

MOTIVOS POR LOS QUE ESTAR ORGULLOSA ESTE MES

MES

Estás *más cerca*
de lo que crees.

Calendario + objetivo del mes

Lunes	Martes	Miércoles	Jueves	Viernes	Sábado	Domingo
☐	☐	☐	☐	☐	☐	☐
☐	☐	☐	☐	☐	☐	☐
☐	☐	☐	☐	☐	☐	☐
☐	☐	☐	☐	☐	☐	☐
☐	☐	☐	☐	☐	☐	☐

Intención de este mes

Ingresos

Concepto	€	Concepto	€

TOTAL			

Gastos fijos

Concepto	€	Concepto	€

Mi cuaderno de ahorro

Concepto	€	Concepto	€

TOTAL

Pagos anuales

Concepto	€	Concepto	€

TOTAL

Disponible 1:
Ingresos-Gastos fijos-Pagos anuales: _____

Gastos variables

Concepto	€	Cierre
TOTAL		

Fondos de ahorro

Concepto	€	Concepto	€

TOTAL

Gastos variables: _____

Fondos de ahorro: _____

Retirada de efectivo (Gastos variables + Fondos - Pagos anuales)**:**
_____

Otros: _____ : _____

Control de gastos

Control de gastos

Cierre semanal 1

Categoría	Gasto total	Disponible

Cierre semanal 2

Categoría	Gasto total	Disponible

Cierre semanal 3

Categoría	Gasto total	Disponible

Cierre semanal 4

Categoría	Gasto total	Disponible

Cierre semanal 5

Categoría	Gasto total	Disponible

Notas

Reflexión

¿CÓMO ME HE SENTIDO ESTE MES?

LOGROS FINANCIEROS CONSEGUIDOS

VALORACIÓN

☆ ☆ ☆ ☆ ☆

ALGO QUE QUIERO EMPEZAR A HACER

LECCIONES APRENDIDAS

ALGO QUE QUIERO DEJAR DE HACER

ALGO QUE QUIERO CONTINUAR HACIENDO

MOTIVOS POR LOS QUE ESTAR ORGULLOSA ESTE MES

MES

_____

Tus hábitos
reflejan tus sueños.

Calendario + objetivo del mes

Lunes	Martes	Miércoles	Jueves	Viernes	Sábado	Domingo
☐	☐	☐	☐	☐	☐	☐
☐	☐	☐	☐	☐	☐	☐
☐	☐	☐	☐	☐	☐	☐
☐	☐	☐	☐	☐	☐	☐
☐	☐	☐	☐	☐	☐	☐

Intención de este mes

Ingresos

Concepto	€	Concepto	€

TOTAL	

Gastos fijos

Concepto	€	Concepto	€

Concepto	€	Concepto	€
_____	_____	_____	_____
_____	_____	_____	_____
_____	_____	_____	_____
_____	_____	_____	_____
_____	_____	_____	_____

TOTAL

Pagos anuales

Concepto	€	Concepto	€
_____	_____	_____	_____
_____	_____	_____	_____
_____	_____	_____	_____
_____	_____	_____	_____
_____	_____	_____	_____

TOTAL

Disponible 1:

Ingresos-Gastos fijos-Pagos anuales: _____

Gastos variables

Concepto	€	Cierre
TOTAL		

Fondos de ahorro

Concepto	€	Concepto	€

TOTAL

Gastos variables: _____

Fondos de ahorro: _____

Retirada de efectivo (Gastos variables + Fondos - Pagos anuales):

_____

Otros: _____ : _____

Control de gastos

Control de gastos

Cierre semanal 1

Categoría	Gasto total	Disponible

Cierre semanal 2

Categoría	Gasto total	Disponible

Cierre semanal 3

Categoría	Gasto total	Disponible

Cierre semanal 4

Categoría	Gasto total	Disponible

Cierre semanal 5

Categoría	Gasto total	Disponible

Notas

Reflexión

¿CÓMO ME HE SENTIDO ESTE MES?

LOGROS FINANCIEROS CONSEGUIDOS

VALORACIÓN

☆ ☆ ☆ ☆ ☆

ALGO QUE QUIERO EMPEZAR A HACER

LECCIONES APRENDIDAS

ALGO QUE QUIERO DEJAR DE HACER

ALGO QUE QUIERO CONTINUAR HACIENDO

MOTIVOS POR LOS QUE ESTAR ORGULLOSA ESTE MES

MES

El *progreso*
es imposible
sin cambio.

Calendario + objetivo del mes

Lunes	Martes	Miércoles	Jueves	Viernes	Sábado	Domingo
☐	☐	☐	☐	☐	☐	☐
☐	☐	☐	☐	☐	☐	☐
☐	☐	☐	☐	☐	☐	☐
☐	☐	☐	☐	☐	☐	☐
☐	☐	☐	☐	☐	☐	☐

Intención de este mes

Ingresos

Concepto	€	Concepto	€
_____	_____	_____	_____
_____	_____	_____	_____
_____	_____	_____	_____

TOTAL			

Gastos fijos

Concepto	€	Concepto	€
_____	_____	_____	_____
_____	_____	_____	_____
_____	_____	_____	_____
_____	_____	_____	_____
_____	_____	_____	_____
_____	_____	_____	_____
_____	_____	_____	_____
_____	_____	_____	_____

Concepto	€	Concepto	€

TOTAL			

Pagos anuales

Concepto	€	Concepto	€

TOTAL			

Disponible 1:

Ingresos-Gastos fijos-Pagos anuales: _____

Gastos variables

Concepto	€	Cierre
TOTAL		

Fondos de ahorro

Concepto	€	Concepto	€

TOTAL

Gastos variables: _____

Fondos de ahorro: _____

Retirada de efectivo (Gastos variables + Fondos - Pagos anuales)**:**
_____

Otros: _____ : _____

Control de gastos

Control de gastos

Cierre semanal 1

Categoría	Gasto total	Disponible

Cierre semanal 2

Categoría	Gasto total	Disponible

Cierre semanal 3

Categoría	Gasto total	Disponible

Cierre semanal 4

Categoría	Gasto total	Disponible

@Sobreahorro

Cierre semanal 5

Categoría	Gasto total	Disponible

Notas

107

Reflexión

¿CÓMO ME HE SENTIDO ESTE MES?

LOGROS FINANCIEROS CONSEGUIDOS

VALORACIÓN

☆ ☆ ☆ ☆ ☆

ALGO QUE QUIERO EMPEZAR A HACER

LECCIONES APRENDIDAS

ALGO QUE QUIERO DEJAR DE HACER

ALGO QUE QUIERO CONTINUAR HACIENDO

MOTIVOS POR LOS QUE ESTAR ORGULLOSA ESTE MES

MES

Esto es el principio
de lo que tú quieras.

Calendario + objetivo del mes

Lunes	Martes	Miércoles	Jueves	Viernes	Sábado	Domingo
☐	☐	☐	☐	☐	☐	☐
☐	☐	☐	☐	☐	☐	☐
☐	☐	☐	☐	☐	☐	☐
☐	☐	☐	☐	☐	☐	☐
☐	☐	☐	☐	☐	☐	☐

Intención de este mes

Ingresos

Concepto	€	Concepto	€

TOTAL	

Gastos fijos

Concepto	€	Concepto	€

Concepto	€	Concepto	€
_____	_____	_____	_____
_____	_____	_____	_____
_____	_____	_____	_____
_____	_____	_____	_____
_____	_____	_____	_____

TOTAL

Pagos anuales

Concepto	€	Concepto	€
_____	_____	_____	_____
_____	_____	_____	_____
_____	_____	_____	_____
_____	_____	_____	_____
_____	_____	_____	_____

TOTAL

Disponible 1:

Ingresos-Gastos fijos-Pagos anuales: _____

Gastos variables

Concepto	€	Cierre
TOTAL		

Mi cuaderno de ahorro

Fondos de ahorro

Concepto	€	Concepto	€

TOTAL

Gastos variables: _____

Fondos de ahorro: _____

Retirada de efectivo (Gastos variables + Fondos - Pagos anuales)**:**

_____

Otros: _____ : _____

Control de gastos

Control de gastos

Cierre semanal 1

Categoría	Gasto total	Disponible

Cierre semanal 2

Categoría	Gasto total	Disponible

Cierre semanal 3

Categoría	Gasto total	Disponible

Cierre semanal 4

Categoría	Gasto total	Disponible

Cierre semanal 5

Categoría	Gasto total	Disponible

Notas

Reflexión

¿CÓMO ME HE SENTIDO ESTE MES?

LOGROS FINANCIEROS CONSEGUIDOS

VALORACIÓN

☆ ☆ ☆ ☆ ☆

ALGO QUE QUIERO EMPEZAR A HACER

LECCIONES APRENDIDAS

ALGO QUE QUIERO DEJAR DE HACER

ALGO QUE QUIERO CONTINUAR HACIENDO

MOTIVOS POR LOS QUE ESTAR ORGULLOSA ESTE MES

MES

Un pequeño progreso diario es una gran victoria a largo plazo

Calendario + objetivo del mes

Lunes	Martes	Miércoles	Jueves	Viernes	Sábado	Domingo
☐	☐	☐	☐	☐	☐	☐
☐	☐	☐	☐	☐	☐	☐
☐	☐	☐	☐	☐	☐	☐
☐	☐	☐	☐	☐	☐	☐
☐	☐	☐	☐	☐	☐	☐

Intención de este mes

Ingresos

Concepto	€	Concepto	€

TOTAL			

Gastos fijos

Concepto	€	Concepto	€

Concepto	€	Concepto	€

TOTAL

Pagos anuales

Concepto	€	Concepto	€

TOTAL

Disponible 1:

Ingresos-Gastos fijos-Pagos anuales: _____

Gastos variables

Concepto	€	Cierre
TOTAL		

Fondos de ahorro

Concepto	€	Concepto	€

TOTAL

Gastos variables: _____

Fondos de ahorro: _____

Retirada de efectivo (Gastos variables + Fondos - Pagos anuales):

_____

Otros: _____ : _____

Control de gastos

Control de gastos

Cierre semanal 1

Categoría	Gasto total	Disponible

Cierre semanal 2

Categoría	Gasto total	Disponible

Cierre semanal 3

Categoría	Gasto total	Disponible

Cierre semanal 4

Categoría	Gasto total	Disponible

Cierre semanal 5

Categoría	Gasto total	Disponible

Notas

Reflexión

¿CÓMO ME HE SENTIDO ESTE MES?

LOGROS FINANCIEROS CONSEGUIDOS

VALORACIÓN

☆ ☆ ☆ ☆ ☆

ALGO QUE QUIERO EMPEZAR A HACER

LECCIONES APRENDIDAS

ALGO QUE QUIERO DEJAR DE HACER

ALGO QUE QUIERO CONTINUAR HACIENDO

MOTIVOS POR LOS QUE ESTAR ORGULLOSA ESTE MES

MES

Deséalo.
Lucha por ello.
Disfrútalo.

Calendario + objetivo del mes

Lunes	Martes	Miércoles	Jueves	Viernes	Sábado	Domingo
☐	☐	☐	☐	☐	☐	☐
☐	☐	☐	☐	☐	☐	☐
☐	☐	☐	☐	☐	☐	☐
☐	☐	☐	☐	☐	☐	☐
☐	☐	☐	☐	☐	☐	☐

Intención de este mes

Ingresos

Concepto	€	Concepto	€

TOTAL			

Gastos fijos

Concepto	€	Concepto	€

Concepto	€	Concepto	€

TOTAL	

Pagos anuales

Concepto	€	Concepto	€

TOTAL	

Disponible 1:

Ingresos-Gastos fijos-Pagos anuales: _____

Gastos variables

Concepto	€	Cierre

TOTAL

Fondos de ahorro

Concepto	€	Concepto	€

TOTAL

Gastos variables: _____

Fondos de ahorro: _____

Retirada de efectivo (Gastos variables + Fondos - Pagos anuales)**:**
_____

Otros: _____ : _____

Control de gastos

Control de gastos

Cierre semanal 1

Categoría	Gasto total	Disponible

Cierre semanal 2

Categoría	Gasto total	Disponible

Cierre semanal 3

Categoría	Gasto total	Disponible

Cierre semanal 4

Categoría	Gasto total	Disponible

Cierre semanal 5

Categoría	Gasto total	Disponible

Notas

Reflexión

¿CÓMO ME HE SENTIDO ESTE MES?

LOGROS FINANCIEROS CONSEGUIDOS

VALORACIÓN

☆ ☆ ☆ ☆ ☆

ALGO QUE QUIERO EMPEZAR A HACER

LECCIONES APRENDIDAS

ALGO QUE QUIERO DEJAR DE HACER

ALGO QUE QUIERO CONTINUAR HACIENDO

MOTIVOS POR LOS QUE ESTAR ORGULLOSA ESTE MES

MES

_____

Tu futuro depende de tus decisiones de hoy.

Calendario + objetivo del mes

Lunes	Martes	Miércoles	Jueves	Viernes	Sábado	Domingo
☐	☐	☐	☐	☐	☐	☐
☐	☐	☐	☐	☐	☐	☐
☐	☐	☐	☐	☐	☐	☐
☐	☐	☐	☐	☐	☐	☐
☐	☐	☐	☐	☐	☐	☐

Intención de este mes

Ingresos

Concepto	€	Concepto	€

TOTAL			

Gastos fijos

Concepto	€	Concepto	€

Concepto	€	Concepto	€

TOTAL

Pagos anuales

Concepto	€	Concepto	€

TOTAL

Disponible 1:
Ingresos-Gastos fijos-Pagos anuales: _____

Gastos variables

Concepto	€	Cierre
TOTAL		

Fondos de ahorro

Concepto	€	Concepto	€

TOTAL

Gastos variables: _____

Fondos de ahorro: _____

Retirada de efectivo (Gastos variables + Fondos - Pagos anuales)**:**

_____

Otros: _____ **:** _____

Control de gastos

Control de gastos

Cierre semanal 1

Categoría	Gasto total	Disponible

Cierre semanal 2

Categoría	Gasto total	Disponible

Cierre semanal 3

Categoría	Gasto total	Disponible

Cierre semanal 4

Categoría	Gasto total	Disponible

Cierre semanal 5

Categoría	Gasto total	Disponible

Notas

Reflexión

¿CÓMO ME HE SENTIDO
ESTE MES?

LOGROS FINANCIEROS
CONSEGUIDOS

VALORACIÓN

☆ ☆ ☆ ☆ ☆

ALGO QUE QUIERO
EMPEZAR A HACER

LECCIONES APRENDIDAS

ALGO QUE QUIERO
DEJAR DE HACER

ALGO QUE QUIERO
CONTINUAR HACIENDO

MOTIVOS POR LOS QUE ESTAR ORGULLOSA ESTE MES

MES

_Las cosas increíbles
pasan fuera de la zona
de confort._

Calendario + objetivo del mes

Lunes	Martes	Miércoles	Jueves	Viernes	Sábado	Domingo
☐	☐	☐	☐	☐	☐	☐
☐	☐	☐	☐	☐	☐	☐
☐	☐	☐	☐	☐	☐	☐
☐	☐	☐	☐	☐	☐	☐
☐	☐	☐	☐	☐	☐	☐

Intención de este mes

Ingresos

Concepto	€	Concepto	€

TOTAL	

Gastos fijos

Concepto	€	Concepto	€

Concepto	€	Concepto	€

TOTAL

Pagos anuales

Concepto	€	Concepto	€

TOTAL

Disponible 1:

Ingresos-Gastos fijos-Pagos anuales: _____

Gastos variables

Concepto	€	Cierre
TOTAL		

Fondos de ahorro

Concepto	€	Concepto	€

TOTAL

Gastos variables: _____

Fondos de ahorro: _____

Retirada de efectivo (Gastos variables + Fondos - Pagos anuales)**:**

_____

Otros: _____ : _____

Control de gastos

Control de gastos

Cierre semanal 1

Categoría	Gasto total	Disponible

Cierre semanal 2

Categoría	Gasto total	Disponible

Cierre semanal 3

Categoría	Gasto total	Disponible

Cierre semanal 4

Categoría	Gasto total	Disponible

Cierre semanal 5

Categoría	Gasto total	Disponible

Notas

Mi cuaderno de ahorro

Reflexión

¿CÓMO ME HE SENTIDO ESTE MES?

LOGROS FINANCIEROS CONSEGUIDOS

VALORACIÓN

☆ ☆ ☆ ☆ ☆

ALGO QUE QUIERO EMPEZAR A HACER

....
....
....

LECCIONES APRENDIDAS

ALGO QUE QUIERO DEJAR DE HACER

....
....

ALGO QUE QUIERO CONTINUAR HACIENDO

....
....
....

MOTIVOS POR LOS QUE ESTAR ORGULLOSA ESTE MES

MES

---

*Tú puedes con todo
lo que te propongas.*

Calendario + objetivo del mes

Lunes	Martes	Miércoles	Jueves	Viernes	Sábado	Domingo
☐	☐	☐	☐	☐	☐	☐
☐	☐	☐	☐	☐	☐	☐
☐	☐	☐	☐	☐	☐	☐
☐	☐	☐	☐	☐	☐	☐
☐	☐	☐	☐	☐	☐	☐

Intención de este mes

Ingresos

Concepto	€	Concepto	€

TOTAL	

Gastos fijos

Concepto	€	Concepto	€

Concepto	€	Concepto	€

TOTAL

Pagos anuales

Concepto	€	Concepto	€

TOTAL

Disponible 1:

Ingresos-Gastos fijos-Pagos anuales: _____

Gastos variables

Concepto	€	Cierre
TOTAL		

Fondos de ahorro

Concepto	€	Concepto	€

TOTAL

Gastos variables: _____

Fondos de ahorro: _____

Retirada de efectivo (Gastos variables + Fondos - Pagos anuales):

_____

Otros: _____ : _____

Control de gastos

Control de gastos

Cierre semanal 1

Categoría	Gasto total	Disponible

Cierre semanal 2

Categoría	Gasto total	Disponible

Cierre semanal 3

Categoría	Gasto total	Disponible

Cierre semanal 4

Categoría	Gasto total	Disponible

Cierre semanal 5

Categoría	Gasto total	Disponible

Notas

Reflexión

¿CÓMO ME HE SENTIDO ESTE MES?

LOGROS FINANCIEROS CONSEGUIDOS

VALORACIÓN

☆ ☆ ☆ ☆ ☆

ALGO QUE QUIERO EMPEZAR A HACER

LECCIONES APRENDIDAS

ALGO QUE QUIERO DEJAR DE HACER

ALGO QUE QUIERO CONTINUAR HACIENDO

MOTIVOS POR LOS QUE ESTAR ORGULLOSA ESTE MES

MES

Concéntrate
en lo bueno.

Calendario + objetivo del mes

Lunes	Martes	Miércoles	Jueves	Viernes	Sábado	Domingo
☐	☐	☐	☐	☐	☐	☐
☐	☐	☐	☐	☐	☐	☐
☐	☐	☐	☐	☐	☐	☐
☐	☐	☐	☐	☐	☐	☐
☐	☐	☐	☐	☐	☐	☐

Intención de este mes

Ingresos

Concepto	€	Concepto	€
_____	_____	_____	_____
_____	_____	_____	_____
_____	_____	_____	_____

TOTAL			

Gastos fijos

Concepto	€	Concepto	€
_____	_____	_____	_____
_____	_____	_____	_____
_____	_____	_____	_____
_____	_____	_____	_____
_____	_____	_____	_____
_____	_____	_____	_____
_____	_____	_____	_____
_____	_____	_____	_____

Concepto	€	Concepto	€
_____	_____	_____	_____
_____	_____	_____	_____
_____	_____	_____	_____
_____	_____	_____	_____
_____	_____	_____	_____

TOTAL	

Pagos anuales

Concepto	€	Concepto	€
_____	_____	_____	_____
_____	_____	_____	_____
_____	_____	_____	_____
_____	_____	_____	_____
_____	_____	_____	_____

TOTAL	

Disponible 1:

Ingresos-Gastos fijos-Pagos anuales: _____

@Sobreahorro

Gastos variables

Concepto	€	Cierre
TOTAL		

185

Fondos de ahorro

Concepto	€	Concepto	€
_____	_____	_____	_____
_____	_____	_____	_____
_____	_____	_____	_____
_____	_____	_____	_____
_____	_____	_____	_____
_____	_____	_____	_____
_____	_____	_____	_____
_____	_____	_____	_____
_____	_____	_____	_____
_____	_____	_____	_____
_____	_____	_____	_____

TOTAL

Gastos variables: _____

Fondos de ahorro: _____

Retirada de efectivo (Gastos variables + Fondos − Pagos anuales):
_____

Otros: _____ : _____

Control de gastos

Mi cuaderno de ahorro

Control de gastos

Cierre semanal 1

Categoría	Gasto total	Disponible

Cierre semanal 2

Categoría	Gasto total	Disponible

Cierre semanal 3

Categoría	Gasto total	Disponible

Cierre semanal 4

Categoría	Gasto total	Disponible

@Sobreahorro

Cierre semanal 5

Categoría	Gasto total	Disponible

Notas

Reflexión

¿CÓMO ME HE SENTIDO ESTE MES?

LOGROS FINANCIEROS CONSEGUIDOS

VALORACIÓN

☆ ☆ ☆ ☆ ☆

ALGO QUE QUIERO EMPEZAR A HACER

LECCIONES APRENDIDAS

ALGO QUE QUIERO DEJAR DE HACER

ALGO QUE QUIERO CONTINUAR HACIENDO

MOTIVOS POR LOS QUE ESTAR ORGULLOSA ESTE MES

Todo bajo control

Seguimiento de objetivos, fondos ahorro y emergencias

Seguimiento y objetivos
Pagos anuales

CONCEPTO _____ CANTIDAD _____

VENCIMIENTO _____

○ ENERO   ○ MAYO   ○ SEPTIEMBRE
○ FEBRERO   ○ JUNIO   ○ OCTUBRE
○ MARZO   ○ JULIO   ○ NOVIEMBRE
○ ABRIL   ○ AGOSTO   ○ DICIEMBRE

CONCEPTO _____ CANTIDAD _____

VENCIMIENTO _____

○ ENERO   ○ MAYO   ○ SEPTIEMBRE
○ FEBRERO   ○ JUNIO   ○ OCTUBRE
○ MARZO   ○ JULIO   ○ NOVIEMBRE
○ ABRIL   ○ AGOSTO   ○ DICIEMBRE

CONCEPTO _____ CANTIDAD _____

VENCIMIENTO _____

○ ENERO   ○ MAYO   ○ SEPTIEMBRE
○ FEBRERO   ○ JUNIO   ○ OCTUBRE
○ MARZO   ○ JULIO   ○ NOVIEMBRE
○ ABRIL   ○ AGOSTO   ○ DICIEMBRE

Mi cuaderno de ahorro

CONCEPTO _____ CANTIDAD _____

VENCIMIENTO _____

○ ENERO _____ ○ MAYO _____ ○ SEPTIEMBRE _____

○ FEBRERO _____ ○ JUNIO _____ ○ OCTUBRE _____

○ MARZO _____ ○ JULIO _____ ○ NOVIEMBRE _____

○ ABRIL _____ ○ AGOSTO _____ ○ DICIEMBRE _____

CONCEPTO _____ CANTIDAD _____

VENCIMIENTO _____

○ ENERO _____ ○ MAYO _____ ○ SEPTIEMBRE _____

○ FEBRERO _____ ○ JUNIO _____ ○ OCTUBRE _____

○ MARZO _____ ○ JULIO _____ ○ NOVIEMBRE _____

○ ABRIL _____ ○ AGOSTO _____ ○ DICIEMBRE _____

CONCEPTO _____ CANTIDAD _____

VENCIMIENTO _____

○ ENERO _____ ○ MAYO _____ ○ SEPTIEMBRE _____

○ FEBRERO _____ ○ JUNIO _____ ○ OCTUBRE _____

○ MARZO _____ ○ JULIO _____ ○ NOVIEMBRE _____

○ ABRIL _____ ○ AGOSTO _____ ○ DICIEMBRE _____

CONCEPTO _____ CANTIDAD _____

VENCIMIENTO _____

○ ENERO _____ ○ MAYO _____ ○ SEPTIEMBRE _____

○ FEBRERO _____ ○ JUNIO _____ ○ OCTUBRE _____

○ MARZO _____ ○ JULIO _____ ○ NOVIEMBRE _____

○ ABRIL _____ ○ AGOSTO _____ ○ DICIEMBRE _____

CONCEPTO ———————————— CANTIDAD —————————

VENCIMIENTO ——————————————————————————

○ ENERO   ○ MAYO   ○ SEPTIEMBRE

○ FEBRERO   ○ JUNIO   ○ OCTUBRE

○ MARZO   ○ JULIO   ○ NOVIEMBRE

○ ABRIL   ○ AGOSTO   ○ DICIEMBRE

CONCEPTO ———————————— CANTIDAD —————————

VENCIMIENTO ——————————————————————————

○ ENERO   ○ MAYO   ○ SEPTIEMBRE

○ FEBRERO   ○ JUNIO   ○ OCTUBRE

○ MARZO   ○ JULIO   ○ NOVIEMBRE

○ ABRIL   ○ AGOSTO   ○ DICIEMBRE

CONCEPTO ———————————— CANTIDAD —————————

VENCIMIENTO ——————————————————————————

○ ENERO   ○ MAYO   ○ SEPTIEMBRE

○ FEBRERO   ○ JUNIO   ○ OCTUBRE

○ MARZO   ○ JULIO   ○ NOVIEMBRE

○ ABRIL   ○ AGOSTO   ○ DICIEMBRE

CONCEPTO ———————————— CANTIDAD —————————

VENCIMIENTO ——————————————————————————

○ ENERO   ○ MAYO   ○ SEPTIEMBRE

○ FEBRERO   ○ JUNIO   ○ OCTUBRE

○ MARZO   ○ JULIO   ○ NOVIEMBRE

○ ABRIL   ○ AGOSTO   ○ DICIEMBRE

Listas de seguimiento de mis fondos de ahorro

¡No pierdas de vista el estado de cada uno de tus fondos de ahorro! Aquí tienes 25 circulitos que puedes ir coloreando para hacer un seguimiento del estado de tus fondos de ahorro. Define tu objetivo de ahorro, divídelo entre 25 y tendrás el valor que representa cada circulito.

CATEGORÍA _____

_____

OBJETIVO _____

TOTAL: ⬭

CATEGORÍA _____

_____

OBJETIVO _____

TOTAL: ⬭

CATEGORÍA _____

_____

OBJETIVO _____

TOTAL: ⬭

@*Sobreahorro*

CATEGORÍA _____

_____

OBJETIVO _____

TOTAL: ( )

CATEGORÍA _____

_____

OBJETIVO _____

TOTAL: ( )

CATEGORÍA _____

_____

OBJETIVO _____

TOTAL: ( )

CATEGORÍA _____

_____

OBJETIVO _____

TOTAL: ( )

CATEGORÍA _____   ○ ○ ○ ○ ○
                                      ○ ○ ○ ○ ○
_____ ○ ○ ○ ○ ○
OBJETIVO _____   ○ ○ ○ ○ ○
                                      ○ ○ ○ ○ ○
TOTAL: (_____)

CATEGORÍA _____   ○ ○ ○ ○ ○
                                      ○ ○ ○ ○ ○
_____ ○ ○ ○ ○ ○
OBJETIVO _____   ○ ○ ○ ○ ○
                                      ○ ○ ○ ○ ○
TOTAL: (_____)

CATEGORÍA _____   ○ ○ ○ ○ ○
                                      ○ ○ ○ ○ ○
_____ ○ ○ ○ ○ ○
OBJETIVO _____   ○ ○ ○ ○ ○
                                      ○ ○ ○ ○ ○
TOTAL: (_____)

CATEGORÍA _____   ○ ○ ○ ○ ○
                                      ○ ○ ○ ○ ○
_____ ○ ○ ○ ○ ○
OBJETIVO _____   ○ ○ ○ ○ ○
                                      ○ ○ ○ ○ ○
TOTAL: (_____)

Fondo de emergencias

¡El fondo de emergencias es un fondo de ahorro que nos preocupa a muchas! Aquí tienes 50 cerditos que puedes ir coloreando para hacer un seguimiento de cómo está tu fondo para emergencias. Define tu objetivo de ahorro, divídelo entre 50 y tendrás el valor que representa cada cerdito.

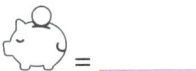

= _____

TOTAL:

Cierre

Y preguntas frecuentes para ahorrar sin dudas

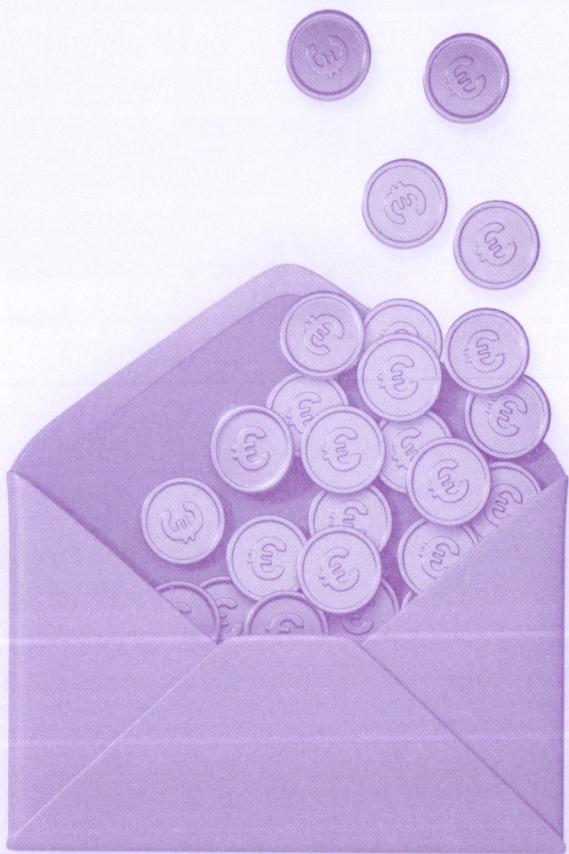

Seguro que te has hecho esta pregunta

Durante este proceso es normal que te asalten las dudas dependiendo de tu situación y hábitos; cada persona es un mundo y todos tenemos circunstancias diferentes. Aquí encontrarás la respuesta a algunas de las preguntas que te pueden surgir a lo largo del cuaderno:

1   ¿Tiene sentido empezar con el Método de los sobres si mi sueldo es bajo?

No es solo que tenga sentido: **¡Es que en este caso es cuando más sentido tiene!**

Cuando los ingresos son ajustados y cuesta llegar a fin de mes, resulta todavía más importante saber exactamente a dónde va cada euro.

Ser conscientes de nuestros gastos y buscar pequeñas formas de reducirlos puede marcar una gran diferencia.

Con ingresos reducidos, cualquier gasto no planificado —por pequeño que parezca— puede ser justo lo que te impida ahorrar. En cambio, si asignas cada euro con intención, aunque sea poco a poco, podrás empezar a ahorrar y a tomar el control de tu dinero.

Al repartir tu dinero de forma clara y visual, te será mucho más sencillo ver tus prioridades, eliminar gastos innecesarios y empezar a construir una base, por pequeña que sea, para el futuro.

Además, te ayudará a reducir el estrés, sentirte más segura con tu dinero y tomar decisiones con tranquilidad y no con miedo o urgencia.

Ahorrar no es una cuestión de cuánto ganas, sino de cómo gestionas lo que tienes. Por eso, si tu sueldo es bajo, el Método de los sobres puede convertirse en tu mejor aliado.

2   ¿Qué día empieza el presupuesto?

Ya lo sabes: tu presupuesto, tus normas. Puedes decidir con total libertad cuándo quieres que comience tu presupuesto. Te recomiendo que el día que elijas esté asociado al día en que cobras tus ingresos. Aquí te dejo las tres modalidades más comunes:

1. Muchos eligen que el día 1 de su presupuesto sea el día en que recibe la nómina, y da igual qué día sea (el día 28 del mes anterior o el 1, el 5 o el 10 del mes siguiente). Yo elegí esta modalidad para definir el inicio de mi nuevo presupuesto cuando empecé a presupuestar con el Método de los sobres.

2. Hay otras personas que prefieren hacer presupuestos de cuatro semanas completas e **inician el nuevo presupuesto un lunes cada cuatro semanas**. Aquí debes tener en cuenta que a lo mejor no siempre coincide con el cobro de los ingresos y tienes que ajustar el presupuesto a ello.

3. Una modalidad combinada de las dos anteriores sería comenzar **un día de la semana fijo después del cobro de la nómina**. Esta es una modalidad muy sencilla para las personas que tienen menos tiempo y deciden dedicar un día de la semana fijo a hacer seguimiento de su presupuesto, por ejemplo, los domingos. En ese caso se limitan a comenzar el nuevo presupuesto el primer domingo después de recibir la

nómina. A fecha de hoy, esta es la modalidad que utilizo. Todos los días que caigan antes de ese domingo los considero parte del presupuesto anterior.

Pongamos por caso que cobro la nómina el 28 de enero y cae en martes:

- **Opción 1:** Usando esta opción, mi nuevo presupuesto empezaría directamente ese mismo día. El martes 28 cerraría el presupuesto de enero para iniciar el de febrero.
- **Opción 2:** Para planificar siempre cuatro semanas completas iniciaría el nuevo presupuesto el día anterior, lunes 27 de enero.
- **Opción 3:** Me espero a un día en concreto, por ejemplo el domingo, después de recibir la nómina. Al haber recibido la nómina el martes 28 de enero, mi nuevo presupuesto empezaría el domingo 2 de febrero.

Teniendo en cuenta que hay miles de opciones más, elige la que te resulte más fácil llevar a cabo e incluso cámbiala cada vez que quieras. La clave reside en encontrar cómo te gusta hacerlo para que te sientas más motivada y te ayude a ser constante.

3 Qué hacer si entran dos sueldos para mi presupuesto en distintos días

En este caso, tan solo **aplicaremos alguna de las opciones de la pregunta anterior, pero sin utilizar el primer sueldo hasta que llegue el segundo**. De esta manera, podemos unificar los ingresos y tenerlos en cuenta para el presupuesto como si fuera uno solo, lo que nos va a facilitar muchísimo la vida.

Por ejemplo: Si un sueldo de 1.300 euros entra el día 2 de cada mes y el otro de 1.700 euros se recibe el día 14, nuestro presupuesto irá de día 14 a día 14 de cada mes y contará con unos ingresos totales de 3.000 euros (1.700 euros + 1.300 euros).

También podéis combinar esta opción con cualquiera de las incluidas en la pregunta anterior, pero siempre teniendo en cuenta que no debéis tocar los sueldos hasta el día en que empiece el nuevo presupuesto.

> *Tip extra*
> (€ %)
>
> *¿Y qué pasa si no puedo esperar al segundo sueldo porque no tengo ahorros y necesito la primera parte del sueldo para hacer pagos importantes? En ese caso, nuestro primer objetivo consistirá en ahorrar el dinero mínimo de ese sueldo extra que necesitamos: es decir, vamos a crear un fondo de ahorro para ahorrar ese «sueldo extra». El objetivo será tirar de esos ahorros durante los días que pasan entre el ingreso del primer sueldo y del segundo para llevar a cabo la opción ya vista de utilizar ambos sueldos como si de uno solo se tratara.*

4   ¿Qué pasa si mi sueldo es variable o soy autónoma?

No te preocupes. En este caso puedes beneficiarte igualmente de todas las ventajas del Método de los sobres. **El objetivo principal será llegar al punto en el que cada presupuesto mensual lo puedas hacer con los ingresos totales del mes anterior.** Es la manera más sencilla de saber cuáles han sido tus ingresos.

Por ejemplo, imaginemos que una persona gana lo siguiente durante el mes de enero:

- En la primera semana, ha ganado 350 euros.
- En la segunda semana, ha ganado 500 euros.
- En la tercera semana, ha ganado 450 euros.
- En la cuarta semana, ha ganado 400 euros.

En total, ha ingresado 1.700 euros durante el mes de enero. Esos 1.700 euros serían el total de ingresos que puede utilizar para planificar su presupuesto de febrero con el Método de los sobres.

Para hacer esto es importante ser capaces de no utilizar nada de esos ingresos generados durante el mes de enero hasta que empiece el presupuesto del mes de febrero. Esto será más o menos fácil en función de si ya tienes un colchoncito de ahorros con los que hacer frente a tus gastos básicos durante un mes.

Si ya tienes ese colchoncito de ahorros, te recomiendo que lo uses en el primer mes en que decidas planificar tu presupuesto con el Método de los sobres. Así podrás reservar los ingresos de ese mes para el mes siguiente y aplicar la estrategia que acabamos de definir. Con ello conseguirás que la planificación de tu presupuesto sea muchísimo más sencilla.

Si aún no tienes suficiente dinero ahorrado como para sobrevivir ese primer mes sin tocar los ingresos, te recomiendo que tu primer fondo de ahorro de alta prioridad sea «Sueldo Extra». En este intentarás ahorrar todo lo posible para sobrevivir ese primer mes utilizando solo ese dinero.

Tip extra

Con independencia de que ya tuvieras un colchoncito de ahorro o no, te recomiendo que mantengas siempre activo el fondo de ahorro de «Sueldo Extra». Cuando somos autónomas o no tenemos manera de prever cuánto cobraremos, es importante centrarse en construir un colchoncito de sueldo extra los meses en los que ingresamos más, para tenerlo disponible si algún

> *mes cobramos menos y no somos capaces de hacer frente a los gastos.*

5 ¿Puedo hacer el Método de los sobres sin efectivo?

Una de las características que hacen al Método de los sobres tan efectivo es el ser capaz de visualizar el impacto de tus gastos en tu presupuesto.

¿Has presupuestado 50 euros en tu sobre de Transporte para todo el mes y en lugar de ir en autobús decides ir en taxi y te gastas 35 euros en un día? Al sacar el dinero, verás cómo el sobre se te ha quedado casi vacío y cuál ha sido el impacto que esa decisión ha tenido en tu presupuesto: en unos minutos has gastado el 70 % de tu presupuesto. Ahora solo te quedan 15 euros en ese sobre para el resto del mes. Si utilizas la tarjeta, no serás capaz de visualizar directamente el impacto que esa decisión ha tenido en tu presupuesto.

Si después de hacer tu presupuesto decides no llenar tus sobres con efectivo y no realizar los pagos en efectivo, **perderás una parte superimportante que te va a ayudar a reducir** de forma rápida y efectiva **los gastos innecesarios**.

Dicho esto, lo más importante es que definas tus categorías y hagas tu presupuesto mes a mes. El uso de efectivo es una recomendación, **pero puedes llevar a la práctica todos los consejos de este cuaderno sin utilizarlo**. Si decides destinar parte de tu presupuesto para pagos con tarjeta, te resultará mucho más complicado saber cuánto te queda en cada categoría, así que te recomiendo que efectúes un seguimiento más continuo y en detalle de tus gastos y del estado de cada una de tus categorías.

Como idea, puedes utilizar tarjetas de prepago y recargarlas con la cantidad exacta de presupuesto asignada.

Tip extra

6 ¿Cómo puedo evitar acumular mucho dinero en casa?

A título personal, acumular mucho dinero en casa me preocupaba mucho al principio. El motivo más común de preocupación suele ser la posibilidad de sufrir un robo y que te roben los ahorros que tenías en los sobres, pero también podría preocuparte que el dinero pierda valor en casa debido a la inflación. Sea como fuere, la solución que propongo desde Sobreahorro es sencilla y soluciona esos dos problemas: **el uso de marcadores de efectivo**.

Un marcador de efectivo es simplemente **un papel al que damos un valor y que utilizamos para sustituir parte del efectivo en uno de nuestros sobres**. Ese efectivo lo vamos a llevar a una cuenta bancaria. De esa manera podemos guardar en el banco parte del colchoncito de ahorros que hemos creado, lo que en muchas ocasiones se transforma en una mayor sensación de seguridad de protección frente a robos.

Para aprovechar al máximo el Método de los sobres, tenemos que asegurarnos de dejar suficiente efectivo en nuestros sobres para realizar los pagos del día a día. Te recomiendo que el dinero que decidas reingresar en la cuenta y sustituir por marcadores de efectivo sea esa parte de los ahorros que **sabes que no necesitarás de un día para otro sin previo aviso**.

Si además metes el dinero de los marcadores de efectivo en una cuenta remunerada (cuentas que te ofrecen rendimientos por dejar tu dinero en ellas), serás capaz de compensar, aunque sea solo en parte, la depreciación del efectivo debido a la inflación.

Sea cual sea el tipo de cuenta que elijas, te recomiendo separar-la de la cuenta que utilizas para el día a día y que no asocies ninguna tarjeta a ella. Eso te facilitará que el dinero que guardamos ahí no se toque (ya que en teoría sigue guardado en nuestros sobres). Si en algún momento necesitas utilizar ese dinero, te bastará con hacer una transferencia a tu cuenta corriente ordinaria y sacar el dinero o realizar el pago desde ahí.

Dado que a mí me da un poco de pereza ir a la oficina del banco, te enseñaré también el truquito que utilizo para no tener que reingresar manualmente el dinero de los marcadores de efecti-vo: sustituyo el efectivo por marcadores de efectivo justo an-tes de realizar el presupuesto del nuevo mes.

Ese dinero que saco de los sobres y sustituyo por marcado-res de efectivo lo utilizo como parte del efectivo del presupues-to del mes siguiente. En consecuencia, la parte del dinero del presupuesto que no tengo que sacar del banco porque ya lo tengo en casa la transfiero directamente desde la cuenta en la que recibo los ingresos hasta mi cuenta remunerada de ahorro.

Para que lo entiendas mejor, lo explico con un ejemplo sencillo:

En el mes de marzo veo que en mi sobre de Farmacia ya llevo 200 euros ahorrados y sé que acostumbro a gastarme cerca de 50-100 euros como máximo cuando voy a la farmacia. Para mí, tiene sentido sacar unos 100 euros de ese sobre y meterlos en una cuenta remunerada que me dé algo de rendimiento por ese dinero. Para hacerlo me espero a realizar el presupuesto del mes siguiente. Supongamos que, después de hacer el presu-puesto de abril, he calculado que debo de sacar 1.000 euros del banco para rellenar mis sobres.

En ese caso haría lo siguiente:

1. Sacar 100 euros del sobre de Farmacia, sustituirlo por un marcador de efectivo de 100 euros y apartar esos 100 euros en vez de reingresarlos en el banco.

2. Hacer una transferencia desde mi cuenta nómina a la cuenta ahorro por valor de esos 100 euros.

3. En vez de sacar 1.000 euros, ahora tengo que sacar solo 900 euros, pues tenemos los 100 restantes en casa en efectivo.

De esta manera hemos hecho exactamente la misma operación, pero ahorrándonos el paso de ingresar los 100 euros del marcador de efectivo para transferirlo a la cuenta ahorro.

Si necesitas visualizarlo, en mi cuenta de Instagram encontrarás muchos vídeos en los que os explico el paso a paso de estos truquitos para que se entiendan mejor.

7 ¿Dónde puedo apuntar los gastos del día a día? ¿Cómo asegurarme de que no se me olvida ningún gasto?

La forma más tradicional es pedir los tíquets de las compras que hacemos y guardarlos para apuntar los gastos. No es lo que más me convence, por varios motivos. El primero es que, si eres tan olvidadiza como yo, seguramente se te traspapele algún tíquet y no puedas recordar todos los gastos. Además, no es muy respetuoso con el medioambiente porque los tíquets de compra no son reciclables, ya que la mayoría están hechos con un papel térmico con varias capas de componentes químicos y contienen sustancias tóxicas perjudiciales para nuestro organismo.

Tienes varias alternativas a recolectar tíquets. La primera es llevar **una agenda** contigo en el bolso y **apuntarte ahí los gastos que haces**. La segunda es apuntarte el gasto en el teléfono móvil en el momento del pago. Es la que mejor me funciona, y en mi caso utilizo **una app de notas bastante sencilla**. Otro truco que suelen usar muchas seguidoras consiste en **crear un grupo de WhatsApp en el que seas la única usuaria** y envíes como mensaje cada gasto que hagas; de ese modo, luego sabrás dónde encontrarlos.

8 ¿Con qué frecuencia es recomendable hacer seguimiento de mis gastos y del estado de mis sobres?

Te recomiendo que al final de cada semana te tomes un momento para hacer un pequeño cierre semanal. Revisa y apunta **todos los gastos** que has tenido y cuánto te queda aún en cada sobre. Este simple hábito te permitirá tener un mayor control de tu presupuesto.

Al terminar el mes, haz un **cierre completo del presupuesto. Así podrás ver el total gastado y compararlo con lo que habías planificado**.

Si para ti funciona mejor y te resulta más sencillo, también puedes limitarte a hacer un cierre único mensual. Pero esos seguimientos semanales —aunque son breves— te ayudarán a no perder detalle, a mantener la motivación y a establecer una rutina. A título personal, hacer mi cierre semanal los domingos se ha convertido en un ritual que disfruto y que me prepara para arrancar bien la nueva semana.

9   ¿Qué hago si pago con tarjeta?

No siempre se puede pagar todo con efectivo. Por ejemplo, si quieres adquirir algo de una tienda que solo dispone de comercio online, tendrás que utilizar una tarjeta.

Cuando eso ocurra, **apuntamos ese gasto y, exactamente igual que si lo hubiéramos pagado en efectivo, sacamos el dinero en efectivo del sobre correspondiente**. Guardaremos ese efectivo en un sobre aparte al que puedes llamar, por ejemplo, «el sobre Banco». Imagínatelo como una pequeña cuenta de ahorro en la que guardas el dinero que ya has gastado de la cuenta con tarjeta. Ese efectivo se debe reingresar en la cuenta para mantener el control y evitar gastar dos veces el mismo dinero.

En este caso, también puedes usar el **tip extra** de la pregunta 6.

10   ¿Dónde apunto el gasto que hago si tengo que usar dinero de otra categoría porque me he quedado sin dinero en la categoría que necesito?

Si por algún motivo necesitas usar el dinero de un sobre para cubrir un gasto de otra categoría, **el gasto se apunta siempre en la categoría de donde salió realmente el dinero**.

En el Método de los sobres no utilizamos valores negativos ni anotamos dinero «a deber». Queremos construir nuestra base financiera desde lo que sí tenemos, paso a paso y de forma positiva.

Si un imprevisto te ha obligado a vaciar un sobre entero y ahora necesitas volver a empezar, **no pasa absolutamente nada**. ¡Piensa que, si no hubieras creado ese colchoncito, no tendrías manera de hacer frente a ese pago!

Agradece lo que has conseguido ahorrar para hacer frente a ese pago y vuelve a tu planificación. Continúa tu camino y sigue haciendo crecer tus ahorros poco a poco.

11 Si saco el dinero de la cuenta cuando recibo mis ingresos, ¿dejo mi cuenta corriente a cero después de los pagos?

En el Método de los sobres trabajamos con lo que se llama un presupuesto en base cero. Es decir, cada mes repartimos todos nuestros ingresos en distintas categorías: cada euro tiene su propósito y su lugar.

Sin embargo, y sobre todo si acabas de empezar, tal vez te llegue a la cuenta algún cobro por sorpresa: una suscripción a alguna app o plataforma que no recordabas, un cargo automático... Por eso es recomendable dejar un pequeño colchón en tu cuenta corriente. Esa cantidad actuará como salvavidas en caso de que te pasen algún cobro inesperado antes de hacer tu primer presupuesto.

Este colchoncito no tiene que ser grande, basta con que cubra esos cobros inesperados, y se mantendrá siempre constante, ya que los nuevos ingresos que entren en la cuenta se repartirán durante el presupuesto que haremos con carácter mensual.

> *En el caso de que te pasen por la cuenta un cobro inesperado, utiliza el truquito de la pregunta 6: anótalo en la categoría correspondiente —como si hubieras previsto ese gasto— y «reingresa» ese dinero en la cuenta.*

Tip extra

12 Gastos hormiga: qué son y cómo evitarlos

Los gastos hormiga son **esos pequeños gastos que hacemos a diario o de manera periódica sin darnos cuenta. Aunque pensamos que son inofensivos debido a su escasa cuantía, cuando los sumamos pueden tener un gran impacto en nuestro presupuesto mensual.**

Algún gasto hormiga que te puede sonar es el desayuno que tomas cada día con tus compañeros o el *snack* que compras en la máquina durante la pausa. También pueden ser esas pequeñas comisiones bancarias que pasas por alto o suscripciones que no usas o ni recuerdas haber activado: plataformas de *streaming*, el gimnasio al que te apuntaste en enero pero que no pisas desde hace meses, etcétera.

Pongamos un ejemplo básico: María hace una pausa para el desayuno con sus compañeros los días que va a la oficina. Se gasta unos tres euros en ese desayuno. Se lleva la comida de casa por no gastar más, pero después de comer necesita un café que se compra en la máquina por 1,20 euros. A la hora de la merienda está muy cansada y necesita una chocolatina que se compra en la panadería o en una máquina expendedora: se gasta 2 euros más. Algún día que otro no le da tiempo a hacerse la comida y decide bajar a comer el menú del día al bar de la esquina. Además, tiene buena relación con sus compañeros y algún que otro día se queda después del trabajo tomando un par de cervecitas.

Todos estos gastos bien podrían sumar unos 10 euros por día laboral. No parecen tanto, pero 10 euros al día en estos pequeños gastos prescindibles durante los días laborales son unos 200 euros al mes. Si los acumulamos, ¡sumarán 2.400 euros en un año! Increíble, ¿no? La mayoría de estos gastos no son imprescindibles, y ejercen un impacto enorme en nuestro presupuesto. Y ahí está el gran reto:

tenemos que aprender a identificar estos gastos, ser conscientes de ellos y controlarlos, porque pueden marcar la diferencia entre ser capaces de ahorrar y no hacerlo.

¡Pero no te preocupes! La buena noticia es que si aplicas el Método de los sobres, la capacidad de controlar y restringir esos gastos hormiga será una consecuencia directa. Al planificar cantidades limitadas en cada categoría, verás con claridad cómo se va el dinero en cada una de las categorías y aprenderás a priorizar. Así, reducir los gastos hormiga será mucho más sencillo y natural.

13 Financiación o pagos a plazos con el Método de los sobres. ¿Dónde los apunto?

Hoy en día, endeudarse es algo muy común. Recibimos ofertas para pagar a plazos, financiar productos o pedir préstamos «sin intereses» constantemente y eso nos lleva, sin darnos cuenta, a no pensar en las consecuencias de nuestras decisiones y tomar el camino fácil: «¿No tengo el dinero suficiente para comprarme un iPhone? No pasa nada, lo financio». Pero, aunque nos venden la idea de que es dinero gratuito, la realidad es que estamos adquiriendo una deuda que, en muchos casos, incluye unos intereses altos.

Por eso mi recomendación es clara: **evita endeudarte siempre que puedas**, en especial si se trata de algo que no es una necesidad básica.

Por otro lado, si ya tienes algún tipo de deuda activa, entonces **debes contemplar el pago mínimo mensual que tienes que llevar a cabo como un gasto fijo dentro de tu presupuesto**. Recuerda que ese dinero te lo cobrarán sí o sí cada mes, por lo que debe estar previsto.

Al hacer un presupuesto detallado cada mes con el Método de los sobres, podrás ver con claridad el impacto que tiene añadir esa deuda como uno de nuestros gastos: cuantas más cuotas fijas tengas que asumir, de menos dinero dispondrás para repartir en nuestras categorías. **Por eso, el Método de los sobres también es un método de ahorro estupendo para evitar el endeudamiento innecesario.**

Asimismo, tenemos que hacer un ejercicio de reflexión antes de cada compra y contarnos la verdad sobre la vida que podemos vivir. Si quiero ahorrar y lo que quiero comprar tiene un precio al que no puedo hacer frente y, además, no lo necesito, la decisión debería ser clara: no me lo compro.

14 ¿Qué hago si me sobra dinero en una categoría de gastos variables al final del mes?

¡Enhorabuena! Si tienes dinero de más en un sobre de variables es una señal superpositiva de que has conseguido controlar tus gastos. Ahora viene lo divertido: decidir qué hacer con ese dinero extra.

Hay varias opciones, y ninguna es mejor que otra. **La clave será elegir la que más te motive y se ajuste a tu momento y tus objetivos**. Aquí te dejo las más habituales:

1. **Úsalo para tus retos de ahorro:** Esta es mi opción preferida. Los retos son una forma divertida y motivadora de ahorrar poco a poco para conseguir una cantidad mayor. Puedes coger ese dinero y sumarlo al reto que estés haciendo en ese momento, a corto o a largo plazo.

2. **Saca el dinero sobrante y llévalo como un ingreso extra para el mes siguiente:** Es como si tuvieras un pequeño extra para repartir cuando hagas tu presupuesto. Puede ser muy útil si tienes meses flojos o si quieres aprovechar para dar un empujón a otras categorías.

3. **Déjalo dentro del sobre para el mes siguiente:** Así, el próximo mes tendrás que presupuestar menos dinero en esa categoría y podrás usar esa diferencia en otra cosa que necesites.

4. **Mándalo directamente a un fondo de ahorro:** Si no lo necesitas y prefieres avanzar con un objetivo de ahorro específico (liquidación de deuda, un fondo de emergencia, un viaje o un capricho), sácalo del sobre y mételo directamente en uno de tus fondos de ahorro.

15 ¿Qué hago si un mes tengo más ingresos de lo habitual (por ejemplo, una paga extra)?

Cuando recibimos más dinero del habitual —porque hemos cobrado una paga extra, hemos tenido un ingreso inesperado o recibimos un regalo—, lo fácil es gastarlo sin pensar. Pero como ya te he dicho a lo largo de este cuaderno, en el Método de los sobres le damos un propósito a cada euro, incluso (y especialmente) a los extras.

Algunas ideas para usar estos ingresos extra a tu favor serían:

- **Darle un empujón a tu fondo de emergencia.** Ese colchón es tu red de seguridad y darle un empujoncito cada vez que puedas te dará mucha tranquilidad.
- **Liquidar deudas.** Si tienes pagos pendientes, destinar parte de ese ingreso a reducirlos te dará más libertad para el resto de los meses. Tal vez con ello consigas ahorrar parte de los intereses.

Refuerza sobres que sabes que pueden suponer un problema en los próximos meses. Por ejemplo, «Regalos», «Navidad» o «Vuelta al cole».

Terminamos como empezamos... ¿O no?

Cómo te avancé al principio de esta aventura, aquí están las preguntas que te hiciste al principio del gran viaje del ahorro. Te animo a contestar las preguntas otra vez. Estoy convencida que tus respuestas serán muy diferentes... ¡y mucho más motivadoras!

○ **¿Qué se te viene a la cabeza cuando piensas en la palabra «dinero»? ¿Cómo describirías tu relación actual con él?**

_____

_____

_____

○ **¿Qué sientes al abrir la aplicación del banco y ver tu saldo?**

_____

_____

_____

○ **¿Con qué frecuencia sientes que pierdes el control de tus gastos? ¿Te resulta fácil o difícil parar un gasto impulsivo?**

_____

_____

_____

_____

○ **¿Cómo crees que afectaría a tu vida tener un colchón de ahorro para emergencias?**

_____
_____
_____
_____
_____
_____

○ **¿Cuál es tu principal motivación para querer ahorrar?**

_____
_____
_____
_____
_____

○ **¿Consideras que conoces con claridad tus gastos fijos mensuales?**

_____
_____
_____
_____
_____

○ **¿Cómo evaluarías tu nivel de confianza financiera del 1 al 10? ¿Por qué?**

_____
_____
_____
_____
_____

○ **¿Cómo crees que cambiaría tu día a día si ya no tuvieras que preocuparte por imprevistos financieros?**

_____

_____

_____

_____

○ **¿Crees que gestionas tu dinero de manera correcta? ¿Qué cambiarías?**

_____

_____

_____

_____

○ **Al acabar el mes, ¿te ha sido fácil ahorrar un poco?**

_____

_____

_____

_____

Y aquí termina nuestro viaje juntas.
Gracias por dejarme acompañarte.
Nos leemos en @Sobreahorro.